Nachgedacht

C.F. Krauß

Carl Felix Krauß

Nachgedacht

Prosalyrik

Bibliografische Information der Deutschen Nationalbibliothek:
Die Deutsche Nationalbibliothek verzeichnet diese Publikation in der
Deutschen Nationalbibliografie; detaillierte bibliografische Daten sind im
Internet über http://dnb.dnb.de abrufbar.

Herstellung und Verlag: BoD – Books on Demand, Norderstedt

ISBN: 978-3-7526-6679-3

Inhalt

? S.39

€£$ Dax Dow Jones S. 42f.

÷ S.20f.

∞ S.13

8 Jahre S. 67

Ahorn S.19

Allgemeinwohl S. 47

Anstreben S. 50

Beobachter S. 36

Bewusst reden S. 22

Buche S. 26

C_2H_5OH S. 34

Die Frage S. 61

Die menschliche Zündkerze S. 45

Die Unbekannte S. 32

Die vierte Gewalt S. 37

Ein letztes Mal S. 24

Einzigartigkeit S. 46

Endorphine S. 40f.

Enttäuscht S. 33

Erlernen Erschließen S. 48f

Fragen zum Leben S. 58

Freiheit S. 63f.

Gaia S. 54

Gesichter S. 25

Getrieben S. 53

Jahreszeiten S. 14ff

Lachen S. 56

Lernen S. 55

Liebesbeweise S. 23

Liebespaar S. 11

Meet'n Greet S.27

Mindel S. 69

Mirima S. 31

Musikalischer Genuss S.65

Nichtsliebend S. 51

Persönlichkeit S. 35

Phantasie S. 59

Rastlos S. 30

Regen S. 18

Relationen S. 29

Schuld S. 70

Selbstbewusstsein S. 28

Sprache S. 57

Tempora S.44

Tempora II S. 52

Unverständliche Trennung S. 66

Waldbesuch S. 12

Welt verbessern S. 60

Windstiller Tag S.68

Ziele S. 17

Zukunft S. 38

Zurückkehren S. 62

Liebespaar

Sanft gleitet meine Hand durch ihre weichen,
ja etwas feuchten, dunkelbraunen Zweige.

Die Blüte richtet sich auf und öffnet sich mir, ihre
hellblauen Blütenblätter strahlen mir entgegen.

Ich versuche herauszufinden,
was hinter diesem Schauspiel steckt.

Dieser Blick soll mich zu etwas auffordern.

Zu was?

Ich versuche ihr lediglich den gleichen Blick zu
schenken, auch wenn ich mir sicher bin, dass es mir
nicht gelingt.

So sind wir nun.

<u>Waldbesuch</u>

Die Vögel zwitschern.
Ein leiser Wind geht.
Fern das Geräusch eines kleinen Baches
noch weiter die Motorengeräusche verstummen.

Und plötzlich flitzt das Eichhörnchen
den Baum hinauf.

Ich genieße dieses Schauspiel in Ruhe
von meiner Bank aus.
Ich versuche alles gleichzeitig wahrzunehmen.

Doch schnell bemerke ich,
dass das eigentlich unmöglich ist
und so spalte ich es auf.

Zuerst versuche ich alles zu sehen
dann alles zu hören,
danach alles zu riechen
noch alles zu fühlen
und vielleicht sogar zu schmecken.

Wann hat er sie das letzte Mal gesehen?
Wo hat er sie das letzte Mal gesehen?
Warum hat er sie dort das letzte Mal gesehen?
Wohin sind sie verschwunden?

Nun ja wirklich eine Idee hab ich nicht,
aber ich durchsuche sein Labyrinth weiterhin.

Man kann ja nie wissen,
vielleicht eines Tages stoße ich auf sie,
oder auch nicht.

Das lasse ich der Zukunft aber offen.

Frühling

Die Welt erwacht
von ihrem langen Schlaf.
Sie hat wieder genügend Energie

Die Sonne steigt am Himmelszelt.
Die Tage werden länger.
Die Nächte werden kürzer.

Die Vögel kommen zurück.
Der Storch baut
langsam sein Horst.
Bald wird er brüten.

Die Wärme der Sonne
wird von einem Wind
vielleicht ein paar Wolken
bisschen Regen begleitet.

Sommer

Die Menschen schmieren
sich mit Bratenfett.
Die Sonne brennt runter.
Die Kruste löst sich
langsam vom Körper ab

Manchmal kommt es vor,
dass die Welt genug von
extremer Hitze hat.

Dann lässt sie kurz ein
mächtiges Gewitter
über das Land fegen.

Herbst

Die Bäume essen zu Abend.
Ich dem Licht nachjagend
komme zum Schluss
ausgetrocknet ist der Fluss.

Die Welt bereitet sich vor.
Sie durchschreitet bald das Tor.
Das Tor zur Traumwelt
bestrahlt vom Himmelszelt.

Dort kann ich sein
Ohne Pein.
Dort bin ich der Held
auf dem Schlachtfeld

Doch bevor ich den Sieg feiern kann,
höre ich meines Weckers Klang.

Bin wieder im Tal
und du dort oben
in schönen Roben.

Gelb, rot, orange und braun
stehen die Bäume in den Auen.

Winter

Der Motor röhrt
von der hohen Geschwindigkeit
mit der er von Automne Richtung Hiver fährt
von Calor Richtung Frío

Der Welt wird Zeit gegeben
sich zu erholen
Zumindest glaubt das der Hermaphrodit

Doch in Wahrheit will man
lediglich sein Fleisch frisch halten
Damit er weiterhin ein Zahnrad
in der großen Maschine ist

Man wird die Ruhe zu schätzen wissen
vor dem nächsten Sturm
vor der nächsten Lawine
die alles unter sich begräbt

Ziele

So angeberisch

„Alter ich hab voll viel gelernt
Das kann gar nicht schiefgehen
Ich schaffe es locker die Prüfung zu bestehen"

Tja schade Svenja
schon wieder durchgefallen

Weißt du es wäre schön
wenn deine Ansprüche
und die deiner Freunde
realistisch wären

Ihr schafft es ja nicht einmal
eure eigenen Ziele zu erreichen
Geschweige denn, dass ihr die geforderten Ziele
erreichen könntet

Regen

Grau der Boden unter mir
geht schon fast ins schwarz über
trotzdem sehr fruchtbar

Der Boden fühlt sich warm an
ja schon fast heiß

Hinter mir drehen die Tiere
in ihrem Gehege
vollkommen hohl

Die Regierung hat den Grenzzaun
schon wieder enger gemacht

Nur damit man auch genügend Futter für das Futter
der Menschen hat.

<u>Ahorn</u>

Er steht mittendrin
am Waldesrand
auf einer Lichtung

Ein schöner großer Ahornbaum
in voller Blüte
seine Krone weit ausgestreckt

Etwas unter der Krone ein Kobel
Man kann eine Eichel sehen

Doch der Bewohner
scheint ausgeflogen zu sein

Weiter oben ein Buntspecht
der gerade seine Jungen füttert

Noch weiter oben im Baum
ein Kauz der den Boden nach Mäusen scannt

Unten feste Wurzeln
die ihn gegen Gewitter und Sturm schützen

Der Baumstamm ist mit Efeu übersät

Es fällt dem Menschen
seit je her schwer

Denn es ist eine tief einschneidende Veränderung

Man beendet damit einen Lebensabschnitt
welchen man mit einer bestimmten Sache
oder einer bestimmten Person verbracht hat

Ausschlaggebend dafür können viele Punkte sein

Man kann sich aufgrund von Emotionen trennen
Wenn sich ein Paar z.B. trennt
weil die Partner sich auseinandergelebt haben
oder er sie betrogen hat
und sie dadurch ein Hass
auf ihn entwickelt hat.

Manche Trennung wird
aber auch nicht aufgrund
von emotionalen Gründen gemacht

Eine alte Frau
die ihr Fahrrad hergeben muss
weil sie fußkrank ist
Oder eine Geschäftsbeziehung
die beendet werden muss
weil man sich nicht
auf einen neuen Vertrag einigen kann
oder es einen Anbieter
zu besseren Konditionen gibt.

Das waren bisher alles Trennungen
die bewusst vom Menschen durchgeführt werden
doch es gibt auch eine Trennung
die unbewusst gemacht wird.

Sterben
der Mensch entscheidet sich
nur in einzelnen Fällen bewusst dafür
sich vom Leben zu trennen

Bewusst reden

Ist uns eigentlich klar
worüber wir reden

Kennen wir die Bedeutung der Wörter
die wir sagen
sobald wir den Mund aufmachen

Oder plappern wir einfach
die Meinung der Obrigkeit nach
und denken selber gar nicht mehr nach

Schwätzen wir nur damit die Luft verbraucht ist

Ich bin ja Fan vom Prinzip der „Drei Siebe".
Wahrheit – Güte – Notwendigkeit
Überprüfe zuerst ob deine Aussage wahr ist
dann ob sie gut ist
und zuletzt ob es überhaupt notwendig ist, die Sache
zu erzählen

Wenn wir nach diesem Prinzip sprechen würden,
würde uns so mancher Scheiß erspart bleiben.

Mir ist sehr wohl bewusst, dass es keinesfalls einfach
ist dieses Prinzip anzuwenden.

Liebesbeweise

Er war nie Fan von Traditionen
Er war ebenso ein sehr großer Rationalist

Deswegen fiel es ihm immer
sehr schwer Bräuche
bei denen es um Liebesbeweise geht
zu verstehen

Er könnte einfach nicht verstehen
Was romantisch daran sein soll
Seiner Geliebten am 1.Mai eine junge Birke
Vor die Haustür zu stellen

Genauso konnte er
aber auch nicht verstehen
was so besonders
an komprimiertem Kohlenstoff ist

Das als romantische Taten anzusehen
dazu war er schlichtweg
mit seiner rationalen Denkweise
nicht fähig

Die einzigen Liebesbeweise
die es gab
lagen für ihn
im Gespräch und Umgang miteinander

Ein letztes Mal

Ein letztes Mal
an den Mund führen
einen starken Zug nehmen
ausatmen
währenddessen von der Parkbank
in die untergehende Sonne schauen
oder von Schalensitz
aufs Fußballfeld
der letzte Glimmstängel

Die leere Schachtel in den Abfalleimer
Das Feuerzeug gleich hinterher

Ein letztes Mal
einen Zombie im PM bestellen
einen Pfeffi-Shot mit Miller ziehen
Ein letztes Mal
mit einem hämmernden Schädel aufwachen
sich an nichts mehr erinnern können

Ihr beiden habt ihm
eine schöne Zeit beschert
doch Entspannung und Spaß
kann man auch anders erreichen
und ihm sind seine Knie
und Singstimme wichtiger
als diese Art von Entspannung und Spaß

Gesichter

Gesichter können
besser als alles andere Gefühle ausdrücken
denn die kleinsten Unterschiede können
bei einem Gesichtsausdruck
bereits entscheidend sein

Zudem beobachten sie mal
das Gesicht eines Menschen
über längere Zeit
dann werden sie
über diesen Menschen mehr erfahren
als wenn sie seinen Lebenslauf lesen

Obwohl jedes Gesicht anders ist
manche haben einen Bart
manche eine Narbe
manche aalglatte Haut

Besonders aber sollten sie
auf die Augen schauen
Blicke sagen mehr
als tausend Worte
Sie sind Tor zur Seele

Worte sind kontrollierbar
können manipulativ eingesetzt werden
doch Blicke sind
nur sehr schwer zu kontrollieren
und noch schwerer bewusst einzusetzen

Buche

Ein solider Baum
Der Stamm nicht dick
aber auch nicht dünn
Die Rinde glatt
nahezu ohne Narben

Unter der Baumkrone
hämmert sich ein Schwarzspecht
ein Loch für seine Nisthöhle

Die ersten beiden große Äste
haben einen sehr großen Umfang
tragen auch die meisten Bucheckern
sind also sehr fruchtbar

Darüber folgt eine schmale Baumkrone
die trotzdem
eine volle Blütenpracht bietet

Meet'n Greet

Es sendet
einen Lichtimpuls aus

Das Gegenüber sendet
denselben Lichtimpuls zurück

Es macht
eine auffordernde Nickbewegung
mit Seiner Steuerungszentrale

Das Gegenüber macht
es Ihm nach

Währenddessen sind die Kameras
der Beiden
vollkommen aufeinander
fokussiert

Nun berühren sie sich
gegenseitig mit ihren Spracharealen

Danach trennen sie sich wieder
und senden nochmals den Lichtimpuls aus

Dann fahren sie voneinander weg

Selbstbewusstsein

Lasst euch nicht sagen
wer ihr seid
von niemandem

Vergleicht euch nicht
die ganze zeit
mit anderen

Du bist du
und das ist auch gut so
Du bist einzigartig
Dich gibt es nur einmal

Glaub an dich
dann kannst du
alles machen

Du bist es
der den Unterschied machen kann

Wir sind alle zu
Perfektionisten geworden
Klar dass man da schlecht gelaunt ist

Ich bin zwar dafür
dass man an sich arbeitet
doch arbeite dich nicht
kaputt an dir selbst

Relationen

Es ist schon
irgendwie kompliziert

Bei manchen
Mag er das nicht
Bei anderen
ist es vollkommen in Ordnung

So unterschiedlich
die Menschen sind
so unterschiedlich
sind ihre Relationen

Doch häufig zeigt sich
dass er Angst hat
dabei können es
die verschiedensten Ängste sein

Aber das gibt es überall
Menschen arbeiten nun mal
nicht nach Logarithmen

Die Menschen sind irrational
aber das ist gerade
das reizvolle daran

<u>Rastlos</u>

Das Rauchen war
eine Ablenkung
genauso wie es
Ihn beruhigt hat

Das Bier trinken auch
nur zum Entspannen

Um die dauernd
arbeitende Maschine auszuschalten
um den 100 PS starken
Motor zu bremsen

Doch damit
ist jetzt Schluss

Es wird Zeit
der Maschine wieder
eine Aufgabe zu geben

Es hilft niemandem
diese Maschine einfach
nur abzustellen

Sie muss genutzt werden
Sie will genutzt werden
oder sie zerstört ihren Besitzer

Mirima

Von allen ist mir
Mirima die Liebste

Sie ist sanft und ruhig
aber ebenso durchsetzungsfähig

Wenn sie mich sieht
schaut sie mich
mit ihren pastellblauen Augen an
und hebt ihre rechte Hufe

Mirima ist ein norwegisches Fjordpferd
sie ist ungefähr 1,60m groß
und ihre Mähne aus hellbraunem Haar
ist zu meist zusammengebunden

Ihr Spielpartner ist Christoph
ein beigefarbener Lusitanohengst

Mirima nimmt mich an
so wie ich bin

Sie weiß nahezu immer
wie ich mich fühle

Die Unbekannte

Ich bekomme sie
einfach nicht mehr
aus dem Kopf

Ihr Lächeln
Ihre blonden Haare
Ihre braunen Augen
während sie meinem angetrunkenen
Geschwätz zuhört
und sie hat mir zugehört
nicht etwa aus Höflichkeit

Nein sondern
weil sie wirklich interessiert
an dem war
was ich ihr erzählte

Und das ist etwas Wunderschönes
wenn man weiß
dass dein Gegenüber dir zuhört
weil du ihn
für deine Sache begeistern kannst

Zudem war sie einer
der wenigen
die von sich heraus
ein Gespräch mit mir
angefangen hat

<u>Enttäuscht</u>

Es gibt verschiedenste Formen davon
seien es rationale
oder emotionale
aber schlussendlich helfen sie
einem stärker zu werden

Jeder wird sie in seinem Leben kennen lernen
ob man will oder nicht

Er kann sie sich nicht immer erklären
aber wie sein Opa zu sagen pflegt
ich muss nicht immer alles verstehen

Trotzdem ist Er enttäuscht
wenn er keine Effektivität hat
trotz hoher Effizienz

Doch Er kann einfach nicht mehr
diesen Ehrgeiz entwickeln
den Er über die Jahre irgendwie verloren hat

Er hätte solch ein großes Potenzial
aber Er nutzt es einfach nicht

Enttäuschungen
sind die Emotionen
die Ihn am heftigsten treffen

C_2H_5OH

Es bringst seinen Verstand
bei geringem Konsum
leider erst richtig in Gang

Viele würden sagen
dass dies gut ist
doch nein
nicht dieser Verstand

Denn dieser Verstand
ist nicht daran interessiert
große Leistungen zu erbringen
sondern lediglich daran
ihn zu zerstören

Sein Verstand gräbt
jeden einzelnen Fehler heraus
den er jemals gemacht hat

Es hat aber auch etwas Gutes
wenn man so will
denn es aktiviert seine Emotionen
die sonst verborgen bleiben

Er hat es noch nicht geschafft
im nüchternen zustand
diese Emotionen zu entwickeln

Persönlichkeit

In was für einer Welt
willst du leben?

Willst du in einer Welt leben
die dich bestimmt?
Oder in einer Welt
die du bestimmst?

Willst du wie andere sein?
Oder willst du wie du sein?

Ist dir die Meinung über dich
und Anerkennung für dich
von den anderen wichtig?
Oder kannst du sie ignorieren?

Wer beantwortet bei dir die Frage?
Wer bin ich?
Beantwortest du diese Frage allein
Oder entscheiden andere für dich?

Wie steuerbar bist du?
Bist du einfach zu steuern?
Hast du viele Knöpfe und Hebel
Bist du komplex
Oder einfach strukturiert?

Ist dein System flexibel und belastbar
oder ist es starr und brüchig?

Beobachter

Da hockt er nun
in Jeans und Hemd
manch einer könnte vermuten
er wäre komplett
in seinen Gedanken versunken

Doch er ist hellwach
und saugt jedes Wort in sich auf

Er sagt nichts
sondern sitzt einfach nur da
und hört den anderen Leuten beim Reden zu
und je ruhiger er ist
desto mehr hört er

Er macht das nicht
weil er zu den Dingen nichts zu sagen hat
sondern weil er will
dass die Menschen die Lösung
für die Probleme selber finden

Zudem ist das
was er sagt manchmal
nicht wirklich einfühlsam
und manchmal eben nicht das
was man gerne hören wollen würde
und trotzdem das was nötig ist

Die vierte Gewalt

Geht das eigentlich?
neutraler Journalismus

Ich glaube ehrlich gesagt nicht daran

Ja Journalisten würden mir
vehement widersprechen

Es ist zwar möglich
dass derjenige
der einen Artikel verfasst
seine eigene Meinung außer Acht lässt

Doch es wird nie möglich sein
dass eine Nachricht
ohne Sprache vermittelt wird

Jegliche Art von Sprache ist manipulierend

Somit ist doch jeder Artikel Propaganda?

Nun ja so würde ich das nicht sagen
denn Propaganda ist eine absichtlich
herbeigeführte Meinungsbeeinflussung

Die Politik ist die Instanz
zur Umsetzung der Interessen des Volkes

Journalismus ist das Instrument
zur Überprüfung der Politik

Zukunft

Keiner kann sagen
was die Zukunft
für uns bereit hält

Ja es stimmt
man kann Gedanken Konstrukte erstellen
und dann die Wahrscheinlichkeiten
für die einzelnen Möglichkeiten ausrechnen

Doch weil es dermaßen viele Faktoren gibt
die zu beachten sind
macht sich halt keiner die Mühe

Gut man muss erstmal auswählen
welche Faktoren denn überhaupt in meine
Wahrscheinlichkeitsrechnung mit einfließen

Sehen sie alles Riesenaufwand

Zukunft ist ebenfalls ein Thema
das gerne in der Politik diskutiert wird

Oft wird gefragt
Wie zukunftsorientiert ist ein Gesetzesentwurf?

Ja die Zukunft ist wichtig
aber diese Zukunft muss erstmal erreicht werden
und um die Zukunft zu erreichen
müssen wir die Gegenwart meistern

Das heißt der Blick nach vorn ist wichtig
aber der Blick nach hinten oder nach unten
ist deswegen nicht zu vernachlässigen

<u>?</u>

Schon komisch wir reden
die ganze Zeit über den Tod

Was folgt nach dem Tod?

Warum gibt es den Tod?

Doch wäre nicht eigentlich die bessere Frage

Was ist leben

Warum existiert das Leben?

und würde sich dadurch
vielleicht die Definition vom Tod verändern

Wir behaupten der Tod ist das Gegenteil zum Leben
doch wie können wir das sagen
wenn wir nicht einmal wissen
Was Leben ist?

Vielleicht sind Tod und Leben enger verbunden
als wir es uns ausmalen können

Dasselbe gilt für Glück und Pech
Intelligent und dumm ...etc.

Daher meine Schlusshypothese
Die Welt ist so wie wir uns die Welt definieren

Endorphine

Vollkommen überdreht
als wären sie auf Droge

Sie haben es geschafft
ein Jahr lang haben sie darauf hingearbeitet

Nun ist es geschafft

Der Weg war gepflastert
mit einigen Hindernissen
wie Text aus wendig lernen
auf der Bühne stehen
vom Scheinwerfer angestrahlt werden

Vom Adrenalin übermannt
fassen sie den Entschluss
dass alles zu wiederholen

Doch Entscheidungen
welche aus Alkohol
oder Adrenalin resultieren
halten meist nur sehr kurz an

Daher habe ich den starken Verdacht
dass der Leistungsdrang
den Endorphin Rausch vertreiben wird

Und höchstwahrscheinlich
kein Theater zu Stande kommt

Den Chor ist viel bequemer
und man bekommt bereits eine gute Note
nur fürs Ton treffen

Also wer lässt sich so was schon entgehen

€£$ Dax Dow Jones

Es ist sicherlich kein gutes System
doch es ist das beste
welches wir haben

Denn es nimmt den Menschen so an
Wie der Mensch nun mal ist

Der Mensch
ist stets auf der Suche nach Macht
ist auf der Suche nach Erfolg
versucht stets besser zu sein als andere

Und genau deswegen
nimmt es den Menschen so gut an
weil man in diesem System
ebenfalls immer mehr haben will

Wenn Menschen verlieren
regen sie sich natürlich darüber auf
was sie gerade verloren haben
doch sie regen sich
zu meist mehr darüber auf
was ihr Gegenüber gewonnen hat

Das eigentlich schlechte an dem System ist
es gibt Verlierer
und zwar massive Verlierer
Gewinner darf
und soll es weitergeben
aber es darf keine Verlierer mehr geben

Doch wie erschafft man ein System
das Gewinner aber keine Verlierer hat

Tempora

Sie kann nicht verloren gehen
Sie kann nicht verbraucht werden

Wenn Sie nicht mehr da ist
ist sämtliche menschliche Denkweise hinfällig
Alles was Ihre Grenzen überschreitet
ist für Menschen unvorstellbar

Jeder bekommt ein Geschenk
in einem gewissen Abschnitt
von Ihr zu leben

Sie kann nicht verschwendet werden
nur die Möglichkeit
diesen Abschnitt schön auszufüllen
kann verschwendet werden

Also nutzen wir die Möglichkeit

Nutzen wir die Chance

Eine zweite wird es nicht geben

Die menschliche Zündkerze

Sie ist verantwortlich
dafür dass wir weitermachen
für die Faszination des Unbekannten
fürs Fragen stellen
fürs verstehen wollen

Es gibt die Redewendung
Ich muss nicht alles verstehen

sie ist so bekannt
damit der Mensch
sich nicht eingestehen muss
Ich kann gar nicht alles verstehen

An dem Tag da unsere Zündkerze
nicht mehr gegen diesen Fakt ankämpft
ist der
da ihre Flamme erlischt
ist auch der
an dem unser Motor erlischt

Einzigartigkeit

Rationalisierungen sind am Ende des Tages
doch nur Rationalisierungen

Damit sie mehr sind
Muss die Welt rationalisiert werden

Doch das ist so unmöglich wie Zeitreisen

Eine rationalisierte Welt
wäre eine Welt ohne Fortschritt

Vorhersehbare Ereignisse
ändern nichts
sie schaffen keinen Platz für neues

Das neue tut uns vielleicht weh
doch der Schmerz zeigt uns
dass sich etwas verändert

Rationalisierung und Neues schaffen sind
leider nicht kombinierbar

<u>Allgemeinwohl</u>

Ein Kompromiss aller Beteiligten

Ein Konsens aller Interessen

Erscheint für sie unmöglich
gut für mich auch

Das Ziel einer Regierung
ist es das Allgemeinwohl zu schützen

Doch wie soll man es schützen

Was ist es überhaupt?

Es ist der Zustand
in dem ein jeder
ein menschenwürdiges Leben führen kann

Alles was darüber hinausreicht
ist ein Produkt der menschlichen Gier

Ein Produkt der menschlichen Sehnsucht
danach besser zu sein als mein Gegenüber

<u>Erlernen Erschließen</u>

Der Mensch hat in seiner Geschichte
bereits viel gelernt
Er hat viel erschlossen
Er hat viele Schlösser geöffnet
zu neuen Dingen

Der Mensch darf sich zurecht

als intelligentestes Wesen der Welt betrachten

Der Mensch hat das Schloss
zur Zivilisation aufgesperrt
ob man dies für gut befindet
ist eine andere Sache
zur Liebe
damit aber natürlich auch zum Hass
zum Frieden
genauso wie für den Krieg

aber diese eine Schloss
konnte er bis heute nicht aufbrechen
das Schloss des Durchbruchs

Die Menschheitsgeschichte befindet sich
seit ihrer Entstehung
in einer Sinusfunktion

Keiner auch noch so großer Persönlichkeit
ist es gelungen
aus dieser Sinuskurve
einen streng monoton steigenden Graphen zu
schaffen

Geschweige denn
Jemand hätte es geschafft
aus dieser Kurve ein Konstante zu machen
aber nichts

Der Mensch ist entweder
zu dumm
zu faul
zu arrogant
zu ängstlich
sich einmal auf den Arsch zu setzen
und über sich
seine Rolle im Ökosystem
sein Verhalten untereinander
nachzudenken und zu ändern

<u>Anstreben</u>

Der Morgen dämmert langsam
hüllt den Himmel in ein zartes kühles rot
Nebel steigt aus den Feldern auf

Aus dem Dunst erhebt sich
eine surreale Gestalt
jeder sieht sie

Doch für jeden hat sie
eine eigene Erscheinungsform

Je mehr wir uns bemühen
je näher wir ihr kommen
desto ungenauer werden ihre Umrisse

Wenn wir versuchen sie anzufassen
verpufft sie
somit ist sie für uns
eine unerreichbare Vorstellung

Nichtsliebend

In der heutigen Gesellschaft
will der Mensch immer mehr

Wir haben das Bewusstsein
für das Nichts verloren

Es gibt nicht umsonst den Spruch
weniger ist mehr

Der Mensch ist mittlerweile
zu einem getriebenen Tier geworden

Weil er die Fähigkeit zu genießen
vernachlässigt

Aber wie schön ist es denn
sich einfach hinzusitzen
nichts zu sprechen
nichts zu denken

Sondern einfach mal nur existieren

Man kann so viel Kraft aus
dem Nichts tun schöpfen

Aber dafür muss man es
auch bewusst tun

Man darf beim Nichts tun
nicht das Gefühl der Langeweile haben
stattdessen sollte man
das nichts tun genießen

Tempora II

Der Mensch sagt
man würde Dinge nur schätzen
wenn es einen
nennen wir es negativen Gegenpart
gibt

Aber das ist etwas
was nicht wirklich ein Gegenteil hat
und trotzdem schätzenswert ist

Hora Minitius Sekundus
sind Begriffe
die aus dem Versuch entstanden sind
sie zu messen

Eternity kommt ihrem Gegenteil
schon ziemlich nahe
und doch ist Eternity ein Wort
das der Mensch
mit Parametern von ihr versucht zu beschreiben

Sie ist ein Teil der Singularität
sie war lange vor uns da
und wird lange nach uns da sein
sie schert sich einen Dreck um uns

Aber wir sollten sie schätzen
denn der Mensch hat
nur ein begrenztes Pensum davon zur Verfügung

Das sollten wir nutzen

Getrieben

Der Mensch sucht
solange er lebt

Er will immer mehr Macht
mehr Wissen
über die Erde
und deren Gesetzmäßigkeiten

So aber auch über sich selbst

Viele suchen die Antwort
wer oder was bin ich

Wenige finden die Antwort

Manche suchen ihr ganzes Leben

Weitere verlieren die Orientierung
und graben immer weiter
auf der Suche
nach einem Weg hinaus

Doch je tiefer sie graben
desto größer wird der Abgrund

Gaia

Ein schöner Herbsttag

Alle sind auf den Beinen
freuen sich über das schöne Wetter

Eine Kohlmaise zwitschert vor sich
man merkt die Welt lebt

Doch eine Figur zerstört dieses schöne Gesamtbild
eine Frau sitzt traurig da
Gaia ist ihr Name
schaut auf die Wasseroberfläche

Sie murmelt bzw. schluchzt vor sich hin
„Ach wo sind die schönen Tage hin
da es draußen kalt und innen warm war
wohin sind die Zeiten da ich am Morgen reif auf den
Feldern sah

Nun kann ich im Sommerkleid
im Oktober wandeln

Ach was habt ihr mir angetan
ihr habt mir ein Teil genommen

Mir ist so heiß
Mein Hemd hat mir der Mensch zerstört
Nun habe ich keinen Schutz mehr vor Helios

Hätten die Menschen nur früher eingesehen
Was passiert
Ich wäre vielleicht noch ganz

Lernen

Ich vermisse das Neue
das Unbekannte
nicht zu wissen
wie etwas funktioniert

Ich vermisse das Nicht-Wissen
eine Lösung dafür finden

Mir fehlt es
über einer Aufgabe zu sitzen
verschiedene Lösungsmöglichkeiten auszuprobieren
nicht weiterzukommen

Bis einem geholfen wird
es einem wie Schuppen
von den Augen fällt

Ich verspüre diese Gier wieder
diese Gier nach neuem Wissen

Lachen

Es ist ansteckend

Es ist die Medizin
für die man nur
seinen eigenen Körper braucht

Dabei werden 200 Muskeln benutzt
es fördert die Durchblutung
aktiviert das Immunsystem

Kinder lachen 100-mal pro Tag

Erwachsene nur 15-mal pro Tag

Erwecken wir in uns wieder das Kind
den Witzbold
sehen wir die Welt nicht immer schwarz und weiß
sondern kunterbunt schön und lustig

Spr_ch_

M_n s_gt g_rn_ _b_r s__
s__ s__ __n_ W_ff_

_ch w_rd_ _s _h_r _nd_rs __sdr_ck_n

S__ _st f_r d__ M_nsch_n
d__ s__ _b_rr_g_nd b_h_rrsch_n
__n_s d_r _lt_st_n M_n_p_l_t__nsm_tt_l

S__ _st Sp_lz__g
_s g_bt k__m __n s_lch v__lf_lt_g_s Sp_lz__g

Fragen zum Leben

Was bedeutet dieses Wort
wie definiert man Leben

Heißt es dass das Herz schlägt
heißt es dass elektrische Impulse
durch das Gehirn schießen

Wird Leben darüber definiert
was man erlebt
wie man es erlebt

Oder wird es über solch bürokratische Dinge
wie Geburtsurkunde bzw. Sterbeurkunde definiert

Zudem gibt es einen Unterschied
zwischen Leben und Überleben

Phantasie

Der Mensch flüchtet sich
vor der Realität
in die Phantasie

Doch betrachtet man die Entwicklung eines
Menschen
so flüchtet er doch eher in die Realität

Wenn man einen Erwachsenen fragt
was er sieht
wenn man ihm einen Stock vorlegt
wird man wahrscheinlich die Antwort
Stock Ast oder Holz bekommen

Bei einem Kind jedoch variieren die Antworten
von Bohrer über Schwert bis hin zum Auto

Bei der Phantasie ist alles möglich
lassen wir uns davon nicht abschrecken

Welt verbessern

Um die Welt zu verbessern
muss man den Menschen verbessern
Menschenoptimierung ist aber ein prekärer Topos

Man redet immer viel
ich will mich verbessern
aber am Ende kommt doch nichts dabei heraus

Der Mensch tut sich damit schwer
sich zum Guten zu verbessern

Wie verändere ich also die Welt
nun ja Michael Jackson hat uns
schon einen guten Hinweis gegeben
If you want to change the world
start with the man in the mirror
wenn wir uns verändern
wirkt das auch auf andere

Also veränder dich
hab Spaß daran
verbesser die Welt

Die Frage

Keine andere Frage wird so häufig gestellt

Sie ist die größte Ursache
für die menschliche Neugier

Sie ist der Grund
für die Existenz von allen Wissenschaften

Im Kindesalter nerven wir unsere Eltern mit dieser
Frage

Über die Jahre hinweg passiert es immer öfter
dass wir nicht mehr anderen diese Frage stellen
sondern wir beschäftigen uns
dann alleine mit dieser Frage
sodass sie teilweise zum inneren Prozess wird

Diese Frage wird immer ein fester Bestandteil
des menschlichen Geschlechts bleiben

Zurückkehren

Zurückkehren lässt immer
ganz bestimmte Situationen entstehen
ganz spezielle Emotionen in uns hochkommen

Es kommt dabei immer
auf die eigene Person
aber auch auf die anderen Personen an

Wir kehren nach dem Abi
an unsere alte Schule zurück
kommen wir uns selber als Fremder vor
fühlen wir uns noch als ein Teil der Schulfamilie

Was sagen unseren ehemaligen Lehrer
Was sagen ihre Blicke

Man kommt nach einem Auslandsjahr Nachhause
fühlt es sich noch nach Zuhause an
fühlt man sich willkommen
kommt man zurück
wie man gegangen ist

Nach dem Studium
komme ich in die Stadt meiner Kindheit
hat sich die Stadt verändert
hast du dich verändert

Woher kommst du
Wo bist du
Wohin gehst du

Zurückkehren bedeutet zu meist
in eine Selbstreflexion zu treten

Freiheit

Eine der wertvollsten Eigenschaften
in der heutigen Gesellschaft
kaum eine Eigenschaft wird von Leuten so geschätzt
wie ihre Freiheit
verankert im Grundgesetz

Die Freiheit
zu denken
zu sprechen
zu handeln
wie man es selber für gut und richtig hält
super oder?
niemand kann einem irgendetwas vorschreiben

Nun ja es wäre schön
wenn dieses Modell einer Gesellschaft
funktionieren könnte

Doch die Geschichte lehrt uns
gib dem Menschen unbegrenzte Freiheit
und er wird
zwar nicht immer
aber oft genug falsch handeln
sodass es katastrophale Auswirkungen hat

Das sollte einem immer bewusst sein
wenn man den Menschen die Freiheit lässt
besteht auch immer die Möglichkeit
dass sie sich falsch entscheiden/verhalten

Vielleicht zur Zeit des Urmenschen
als es noch keine Regeln gab
als der Mensch an grenzenlose Freiheit gewohnt war

Vielleicht liegt es daran
dass der Mensch schon so
an das Konstrukt der Regeln gewöhnt ist
er ist hilflos ohne diese
und weiß nicht
was er tun soll ohne sie

Vielleicht ist das der Grund dafür
wenn ein Mensch frei entscheiden darf
dass er sich dann falsch entscheidet

Ich habe die größtmögliche Freiheit
weil ich mich an die Regeln halte

Musikalischer Genuss

Man lässt sich von Musik entweder berieseln
oder man genießt sie wirklich

Der musikalische Genuss entsteht

wenn Musik ein Bild malt

wenn während dem Musikhören
oder selber musizieren
Emotionen hervorgerufen werden

wenn man am ganzen Körper Gänsehaut

wenn man von einem Lied komplett vereinnahmt wird

wenn man das Musikstück sogar noch in den Zehen
spürt

Dann entsteht eine Welt in der nur du und das
Musikstück existieren

dann ist es wie eine Begegnung mit dem Lied
als würdest du mit der Musik verschmelzen

Unverständliche Trennung

4 Jahre sind vergangen
4 Jahre zusammen mit seinem besten Freund

Ihm stehen alle Optionen offen
Bei seinem Freund sieht es leider anders aus
Deswegen trennen sich ihre Wege

9 Jahre später

Er hat alle Unterlagen dabei

Da entdeckt er seinen ehemaligen besten Freund

9 Jahre getrennt
Nur um schlussendlich wieder vereint zu sein

8 Jahre

8 Jahre

8 Jahre hat er hier verbracht
und jetzt soll das vorbei sein

8 Jahre lang
um 7:00 Uhr aufstehen
um mehr
oder weniger pünktlich zu kommen

8 Jahre lang
Rechnungen lösen
Aufsätze schreiben
Religiöse Lebensweise kennenlernen

Die letzten 2 Jahre
Sprache analysieren
Montags u. donnerstags in den Chor

Verrückt jetzt ist es vorbei

Jetzt verpflichtet er sich woanders
für 3,5 bis 6 Jahre

Aber er wird immer wieder
gerne zurückkommen
durch die Gänge laufen
die Schachtische im Ost Hof anschauen

windstiller Tag

Sein blaues Hemd
Wirft kaum Falten

Wenn man aus der Ferne draufschaut
sieht man das Blau

Doch geht man näher hin
dann kann man
die viele kleinen Härchen sehen
die Richtung Hemd wachsen

Während sich auf seinem Hemd
ein paar kleine Tierchen rumtreiben

Egal wo das Hemd aufhört
es geht immer
zuerst grau weiter
außer an einer kleinen Stelle
da geht es mit beige weiter

Mindel

Gerade
Fast die ganze Zeit
Eine gerade Linie

Außer da
Dort macht sie einen kleinen Knick
350000€ hat es anscheinend gekostet

Ein wunderschöner Rückzugsort
der Verkehr ist kaum
zu hören
Man hört das Wasser
wie es seinen Weg geht

Man fühlt den Wind
der einem durch die Haare fährt

Man riecht vereinzelt Blumen
und atmet wunderschöne reine Luft ein

Es stimmt
manchmal liegen die schönsten Orte
gerade einmal einen Katzensprung entfernt
man weiß es nur nicht

<u>Schuld</u>

Der Mensch ist fokussiert auf die Kausalität

Ohne eine Ursache
kann es für den Menschen
keine Wirkung geben

Daher stellt der Mensch
immer die Frage
wer ist Schuld

Bei einem Unfall immer
wer hat Schuld daran

Niemand kommt auf die Idee
dass vielleicht keiner Schuld daran ist

Der Mensch ist in seinem Denken
so oft in ein Gefängnis eingeschlossen
trotzdem behauptet er dann
seine Gedanken sind frei